鄉寧縣檔案館 編

順治

鄉寧縣志

山西出版傳媒集團
三晉出版社

《（順治）鄉寧縣志》編輯整理委員會

主　任　樊洪平

副主任　廉海平　劉建平

委　員　王偉龍　李鄉民　張文喜

編輯部

主　編　張文喜

編　輯　董梅　白雪

前言

國有史，地有志，家有譜。鄉寧縣歷史悠久，文脉厚重，建縣兩千餘年，修志史四百多年，是清代方志大家楊篤的故鄉。楊篤（一八三四—一八九四），字聳同，號秋湄，主持纂修了包括《（光緒）山西通志》《（光緒）代州志》等十三部經典志書，受到張之洞、梁啓超等的高度評價，創造了我國歷史上個人修志種數最多的紀録。

令人遺憾的是，史籍記載中最早的鄉寧縣志——明萬曆刊、清順治遞修本《鄉寧縣志》一直難覓蹤跡。二〇一九年仲夏，縣委副書記劉建平、縣檔案館館長張文喜二位同志報告，現存最早的鄉寧縣志有了綫索，國家圖書館館藏有此孤本。提供這一重要綫索的是省檔案館的梁紅一和三晉出版社的張仲偉同志。欣喜之餘，我們立即派建平、文喜二位同志聯繫接洽影印出版志書事宜。

明萬曆刊、清順治遞修《鄉寧縣志》，由明代焦

守己纂修，志成初刊於明萬曆二十年（一五九二）；明代李時茂增修於萬曆二十六年（一五九八）；清代侯世爵續修并補版刊行於清順治七年（一六五〇），記事止於是年。影印本據此定名爲《（順治）鄉寧縣志》，該志一函兩册共六卷，分别爲輿地志、田賦志、官司志、人文志、食貨志、雜撰志，翔實記録了清初以前鄉寧的歷史、地理、風俗、人物、文教、物産等重要資訊。焦守己，字允貞，號我泉，山東青城人，明萬曆十七年（一五八九）任鄉寧知縣；李時茂，陝西乾州人，明萬曆二十六年任鄉寧知縣；侯世爵，遼東錦州人，清順治年七年任鄉寧知縣。由於年代久遠，歷史記載寥寥數筆，前賢修志著書彪炳史册，激勵後人，傳承文脉，修志存史、資政育人。《（順治）鄉寧縣志》的影印出版爲鄉寧地方史志研究、新志編纂等工作及相關領域的專業閱讀研究提供了珍貴的第一手資料，具有很高的史料和學術價值，也爲我們做好新時代各項工作提供了有益的歷史借鑒和重要的決策參考。

影印出版《（順治）鄉寧縣志》，是鄉寧地方史志研究領域的一件大喜事。國家圖書館、山西省檔案館、三晉出版社給予大力支持和幫助，謝冬榮、梁紅一、張仲偉等同志積極協助并提出了許多寶貴意見和建議，在此一並致以衷心感謝！

中共鄉寧縣委書記　樊洪平

鄉寧縣人民政府縣長　廉海平

二〇一九年十一月

創脩鄉寧縣志序

夫志以稽古也我
皇明有一統志制甚詳也藩司郡邑亦各有志闕條匪細鄉寧舊有志傳寫不刋亦頗散失余竊病焉亟欵脩之會鄉士夫以茲典請遂延前署學事梁子隆吉今署學事楊子亨為之校正邑人德府長史陳子錦國子生喬子光顧庠生鄭郊等為之編輯凡一越歲而甫就緒第

卷為六首輿地夫輿地志地里也在上為分野在下為列國今之郡縣古列國也風俗其土也户口其産也建置其城與池縣治與大小署制也官司志官也有官斯有職矣有職斯有役矣學校志教也科貢志賢才也貤封者選舉之所從出也藝文志郡縣經籍及其碑刻也食貨志財也然有産焉祥異志異也其名宦鄉賢足以式孝友足以勸義夫節

婦足以勵咸有關於治教此其志所當
先矣宦籍以志縣令下此而亦志焉仕
籍衆矣内止於近侍外止於方面下此
而亦志焉至於雜撰而亦不可泯者志
也今之志古之史也夫書史也紀言也
春秋史也紀年也經也其次左傳國語
傳也漢司馬氏創為史記而史變矣然
後之作者自班氏而下皆不能外此以
為史予為是志非敢言史聊以志稽古
云爾
萬曆歲次壬辰冬十月之吉知鄉寧縣
事舉人青城焦守已撰

二

重修鄉寧縣志序

夫志誌也所以繼史筆而有也鄉邑之
志其來舊矣屢經修飭亦云備矣但一
代之興必有一代之志凡以昭王獻示
後世大一統之義耳歷歷可考今我
清朝定鼎其命維新既承運以立極自當
表年以紀事凡在御下有守土之責者
集玉獻瑞雖鼓達之同軌同文誰能外
之是以予承兹土八月餘矣大盜庶平
百廢稍舉況此考古係一朝之大典可
令仍其舊號混其稱述無以昭三重之
繼乎兹奉
上命即囑鄉紳故老闔學諸生會集明
倫堂重修此志正其年號序其始末凡
一邑之內七年之中事理有當去當存
人物有宜褒宜貶不得諱其所私亦不
得阿其所附務採之衆論借之路碑以
昭一代之典籍以備三代之人心並以

垂一王之大法因之為叙

大清順治柒年知鄉寧縣事遼東錦州侯

世爵撰

閻國琯

賀應熊

邑庠生王廷侍　仝校正

文在玆

冀三聘

創脩鄉寧縣志

目錄

創脩鄉寧縣志凡例

一野分而後疆域辨建置在疆域內有山川城池而形勝名景都鎮舖舍亦附見焉秩祀行而風俗寓焉故作輿地志

一縣治公署儒學驛官而倉厫非私庚養濟院非私設魁閣文昌演武場文武並重長久之術也均屬之官故作官司志

一有戶斯有口有田斯有租而賦役因焉貢物課程出焉兵戎與農合一迺以兵戎終焉故作田賦志

一名宦鄉賢人文之傑也宦屬人文之顯也科貢人文之淵藪也坊表封表人文之表也藝文志人文也故作人文志

一穀蔬果藥瓜皆食而金則惟鐵炭則惟煤木則其可材者畜惟麞麂麅狼狐差異他郡焉故作食貨志

一謂之雜其係古蹟祥異祠廟寺觀者則分註於各類之下

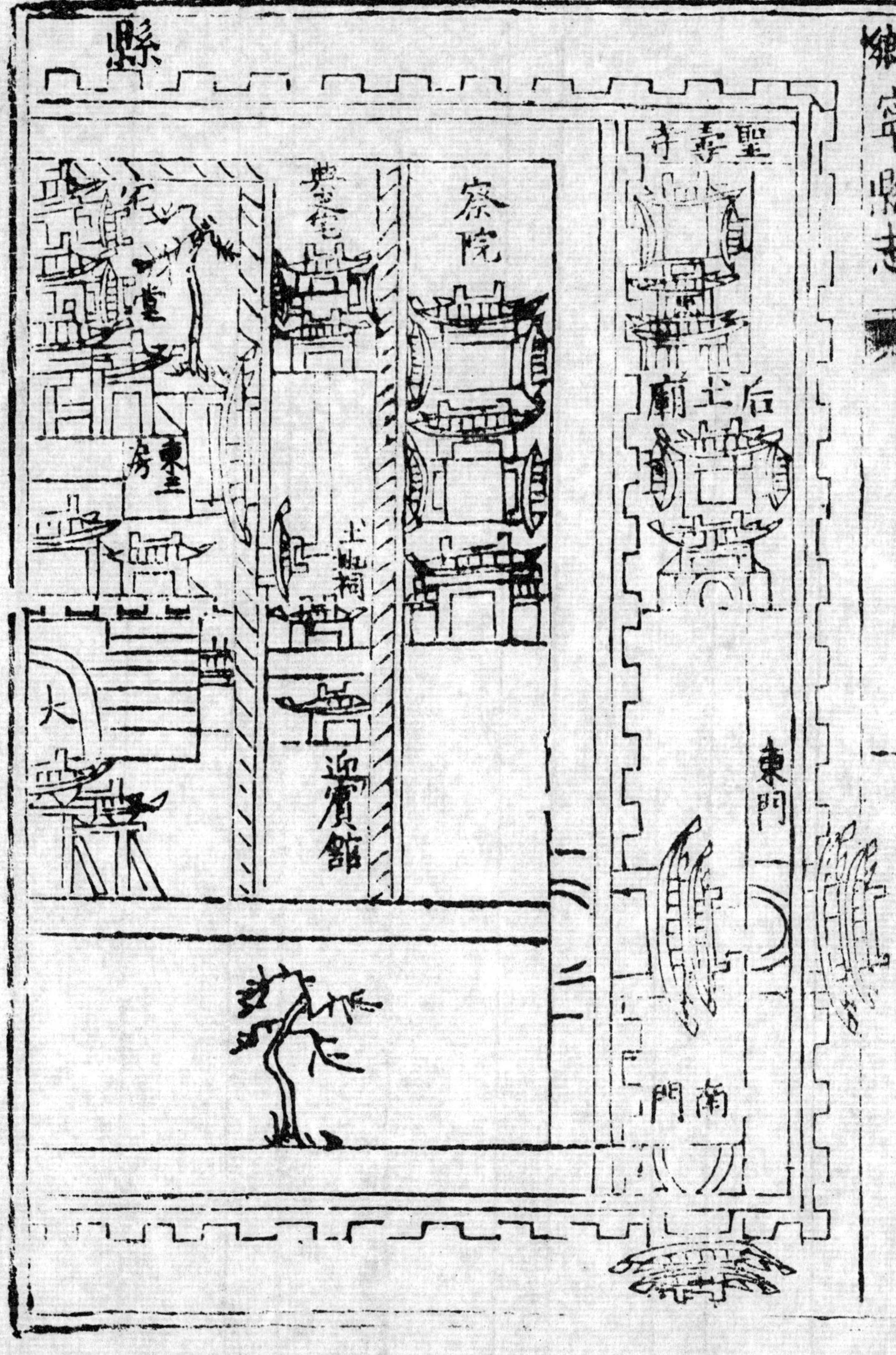
縣
聖壽寺
后土廟
察院
迎賓館
東門
南門
大

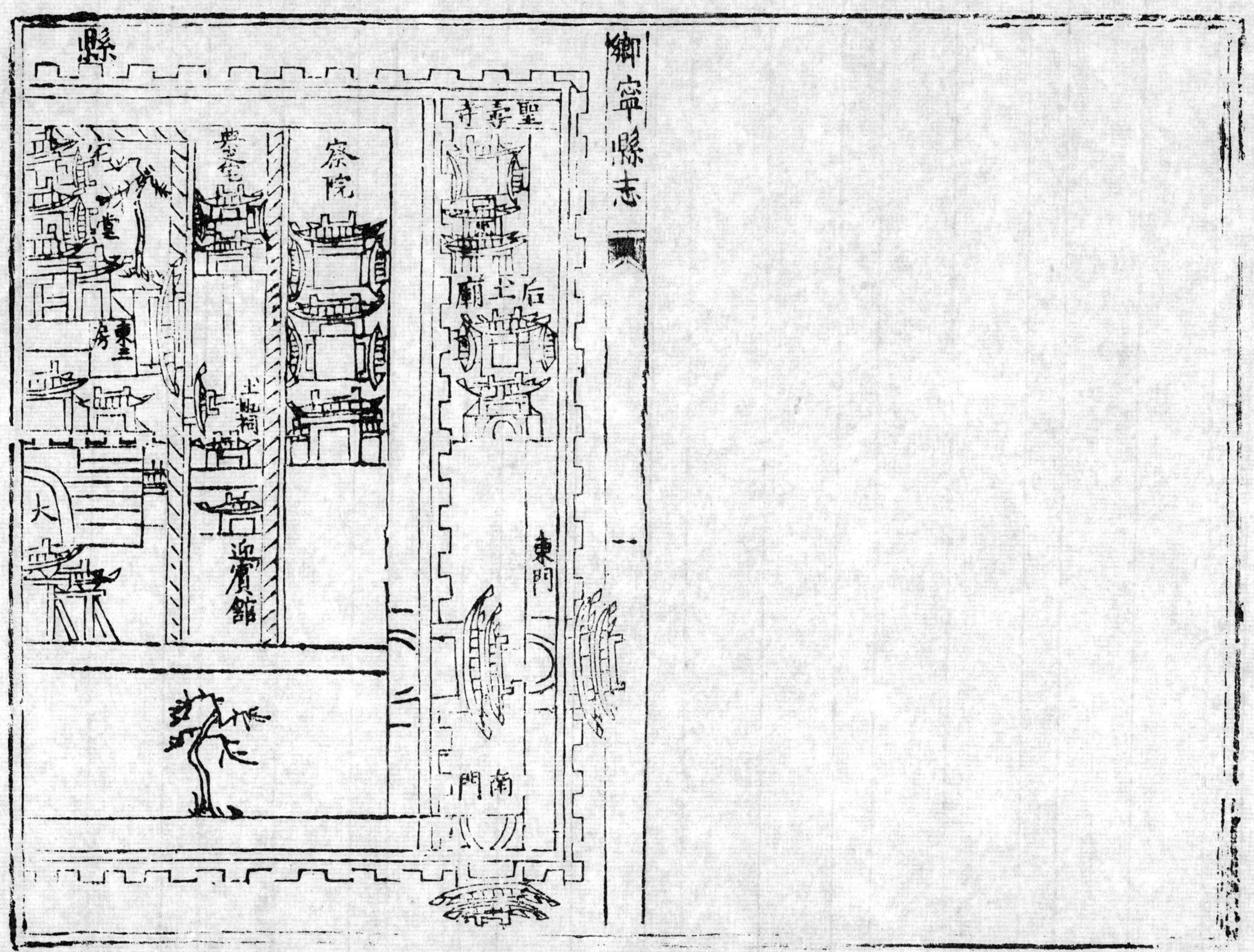

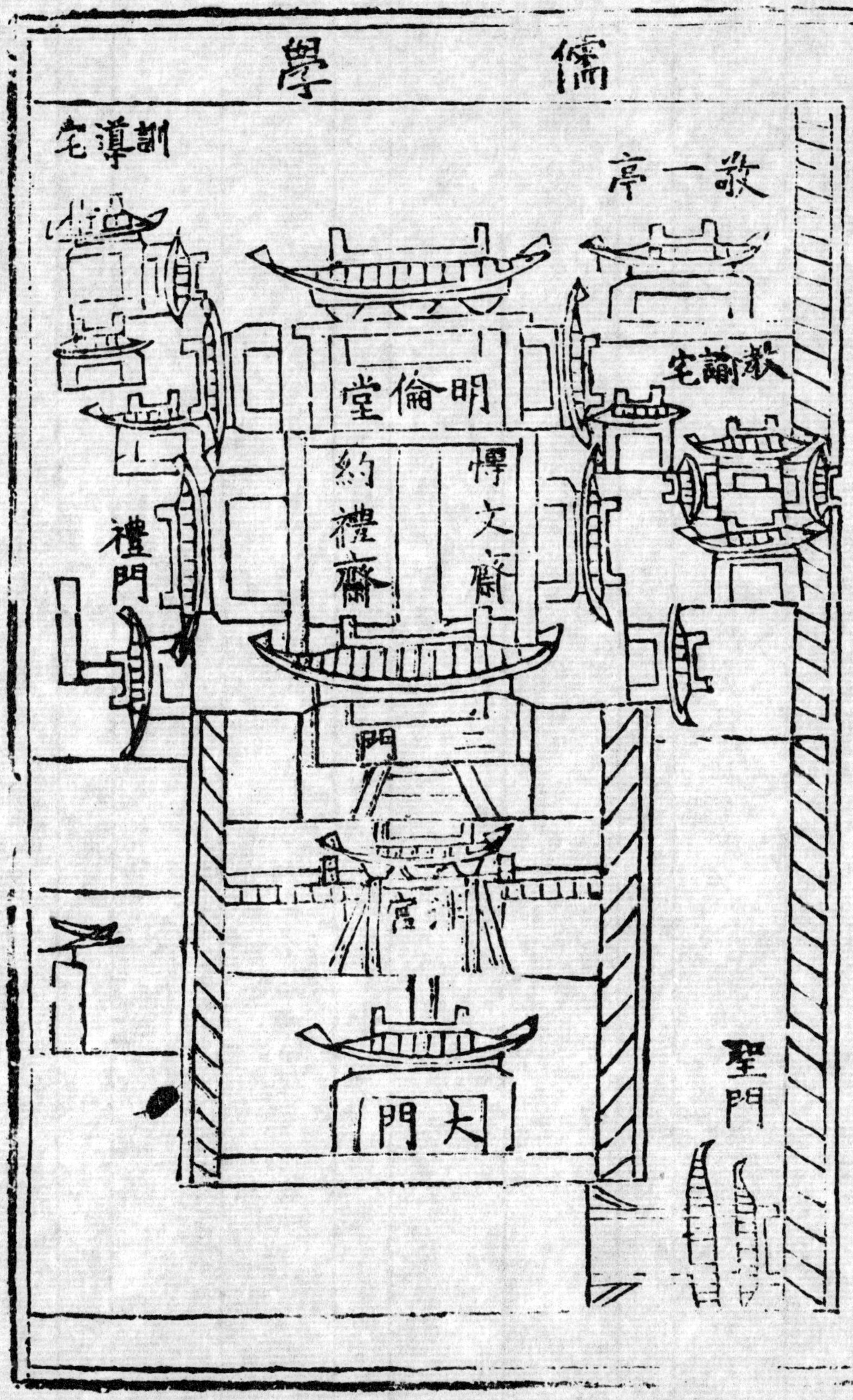
儒學
訓導宅
敬一亭
明倫堂
教諭宅
約禮齋
博文齋
禮門
門
泮宮
大門
聖門

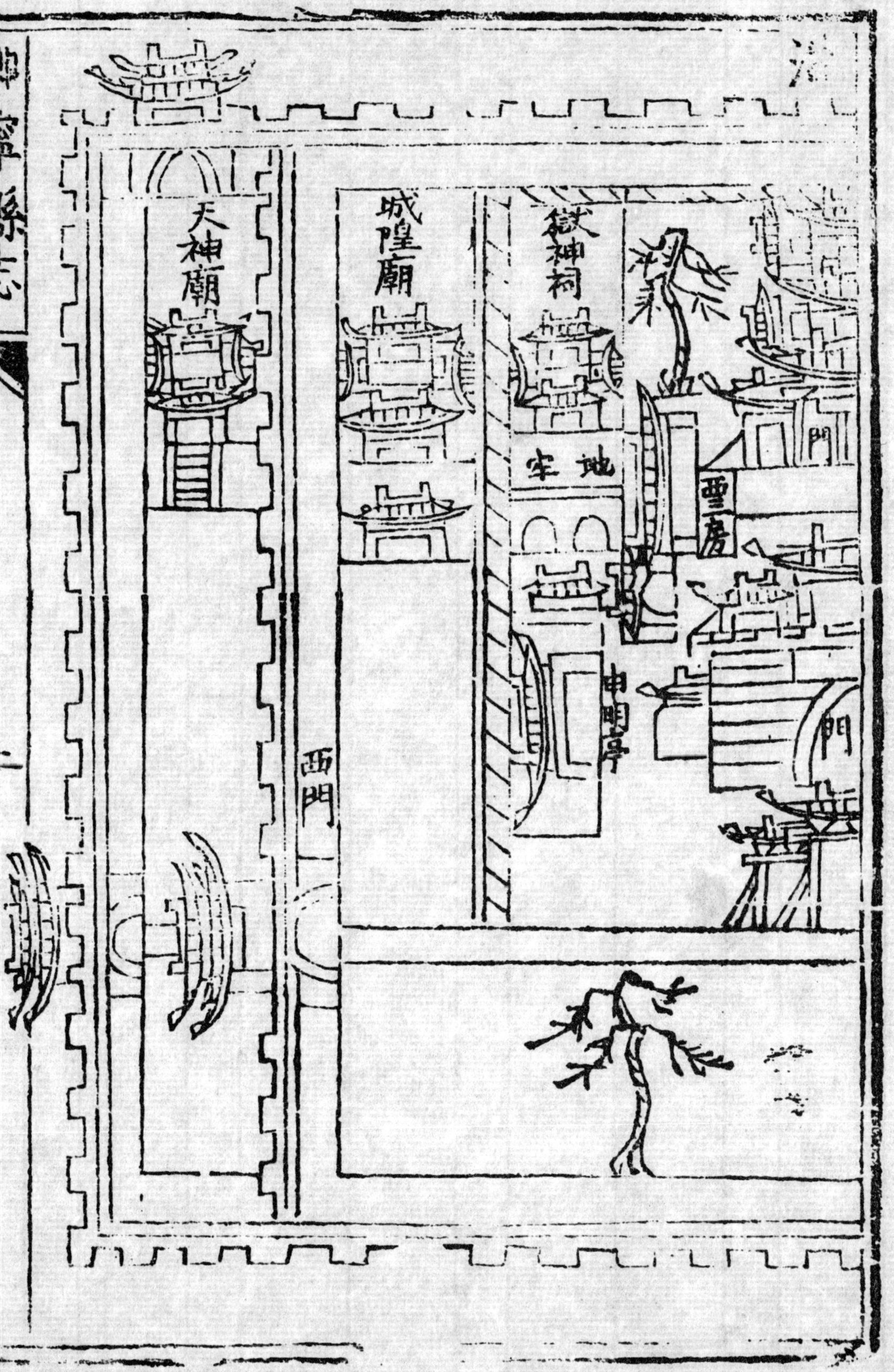
天神廟
城隍廟
獄神祠
地牢
門
申明亭
西門
門

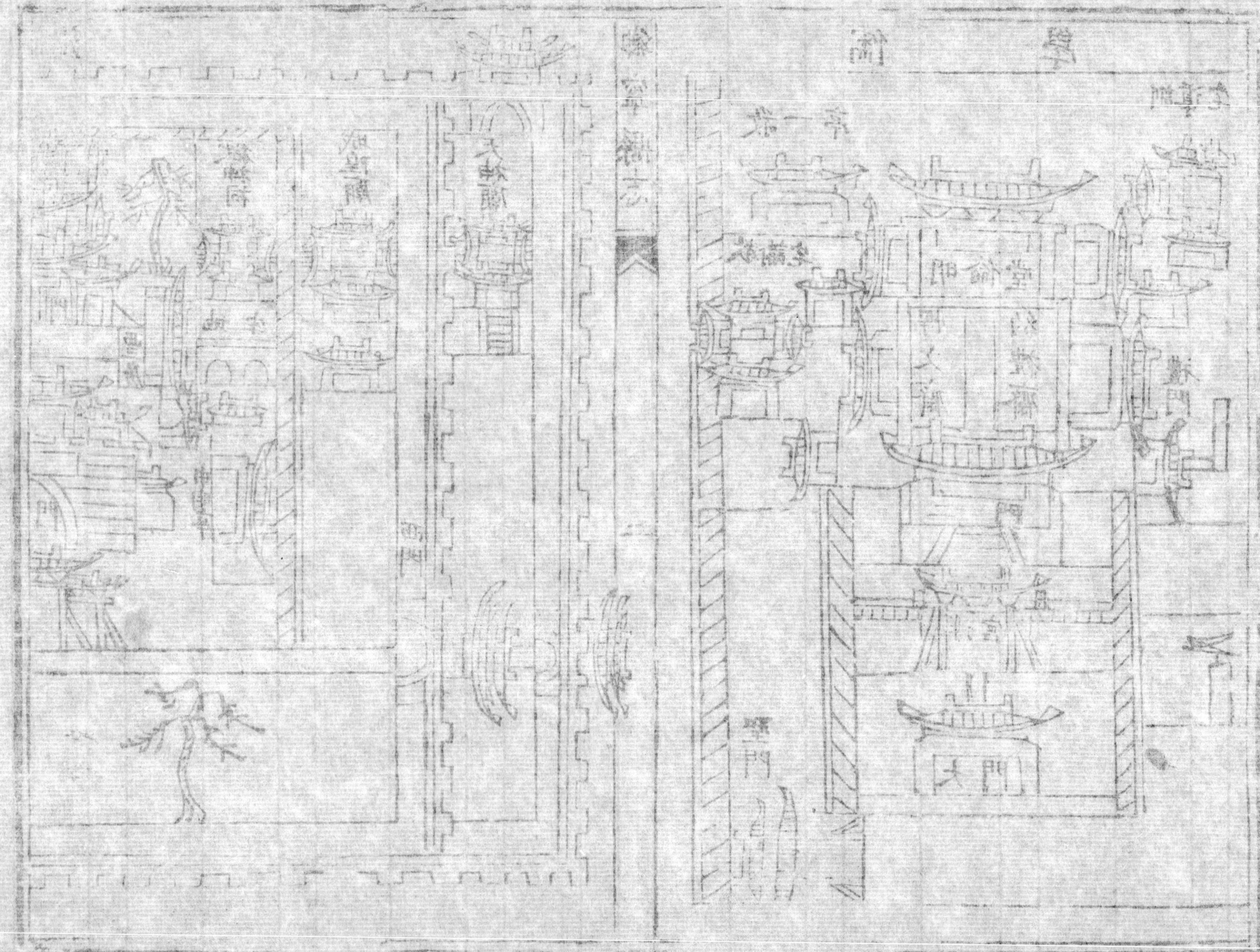
敬一亭
明倫堂
大門

文廟

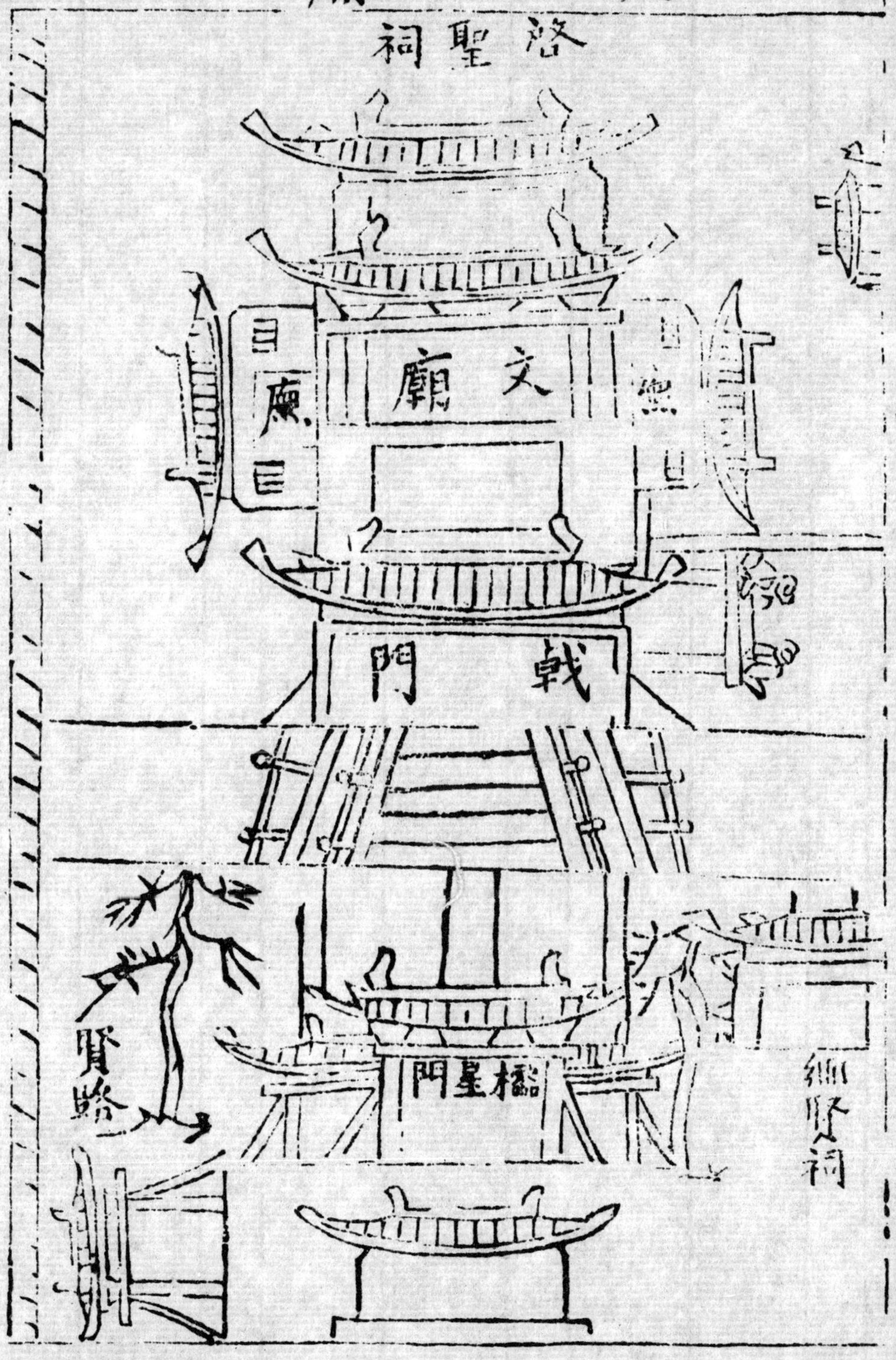

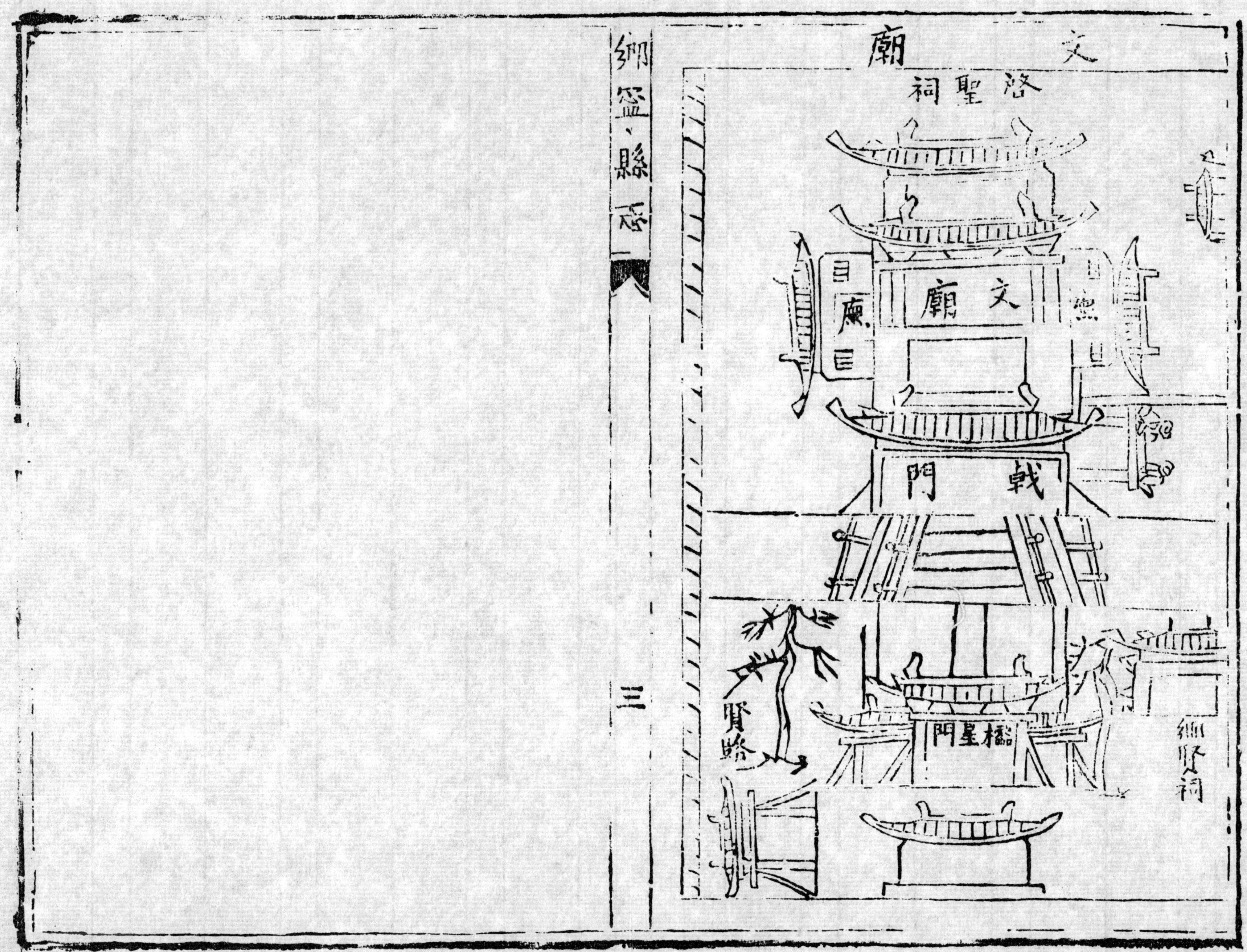

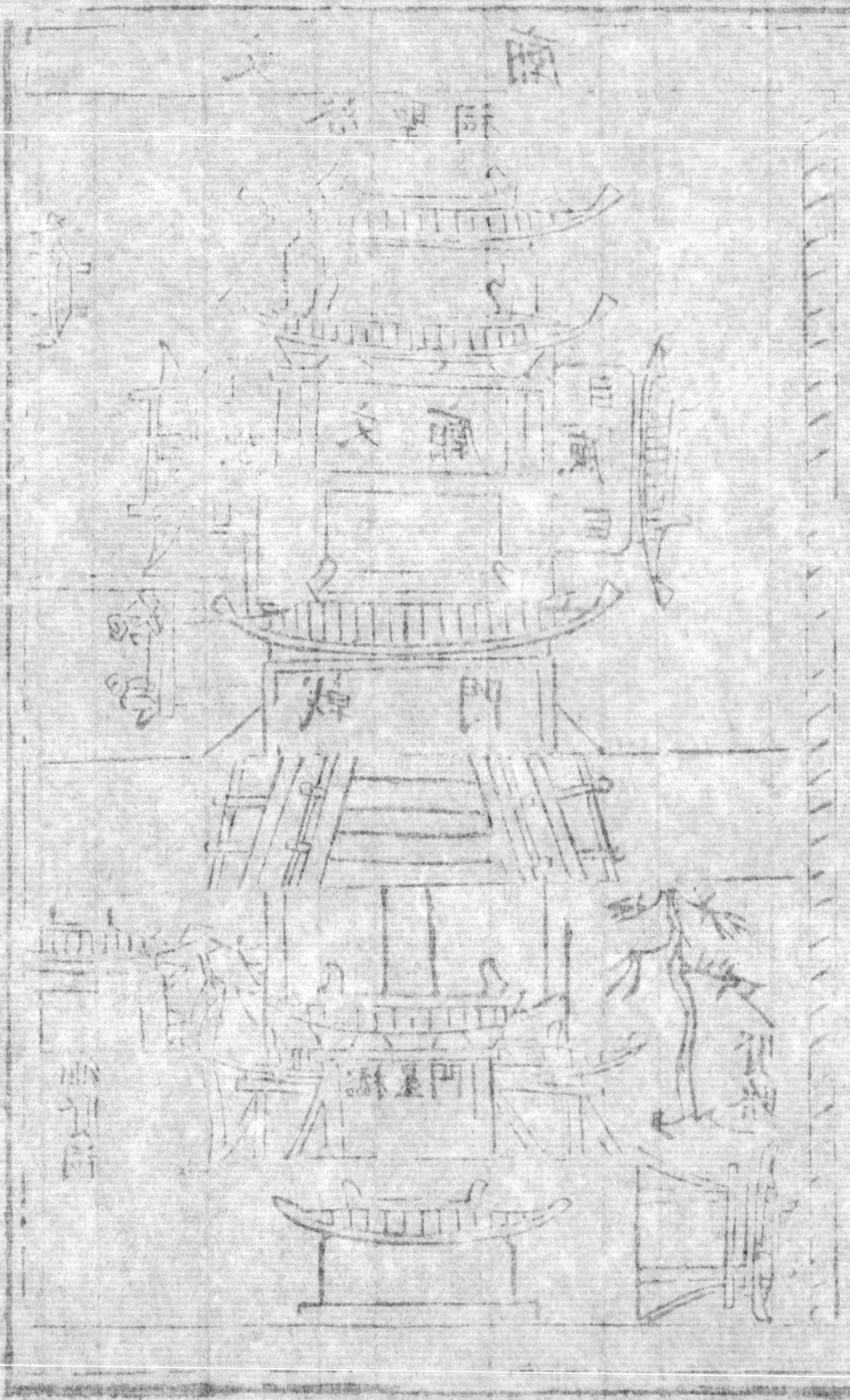

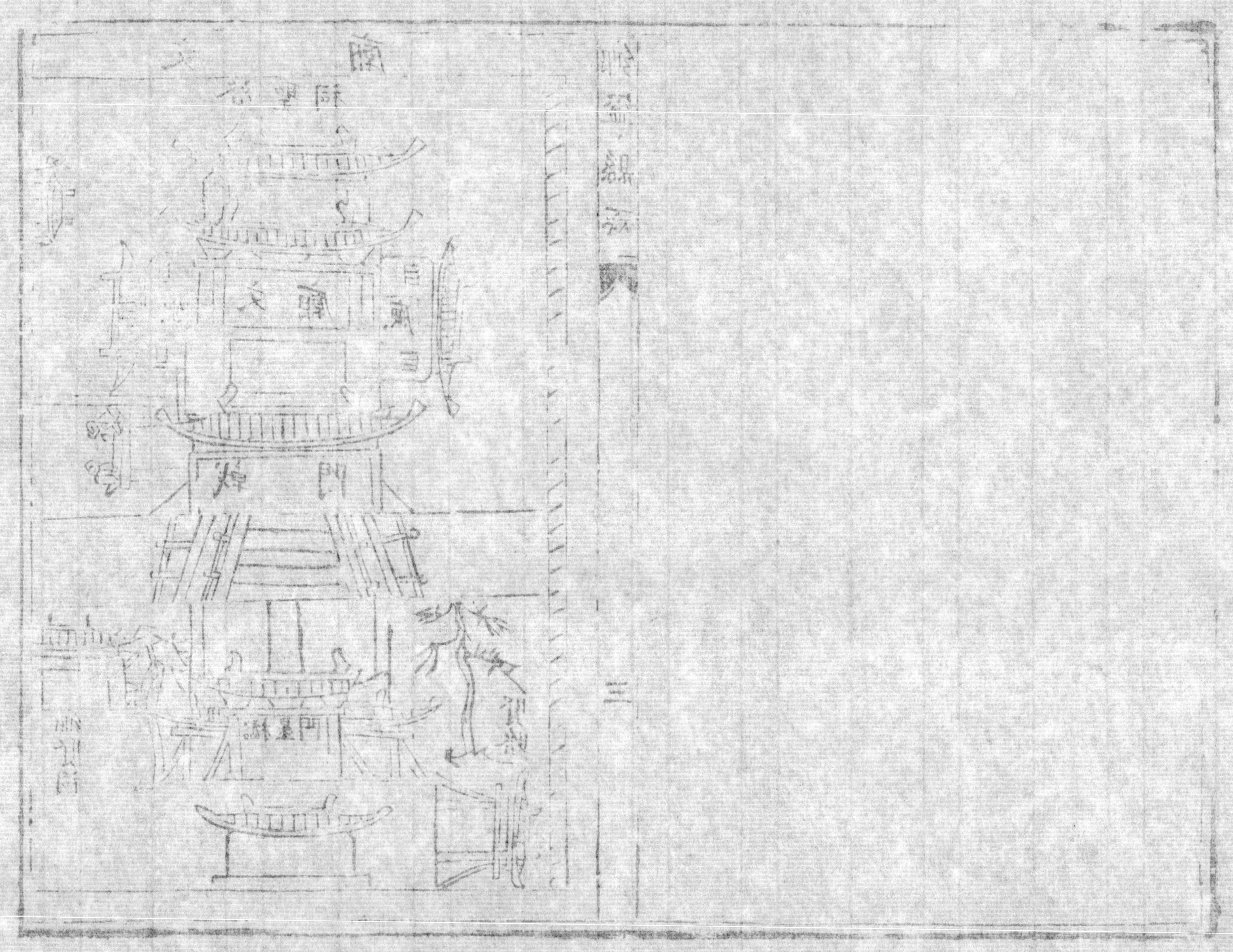

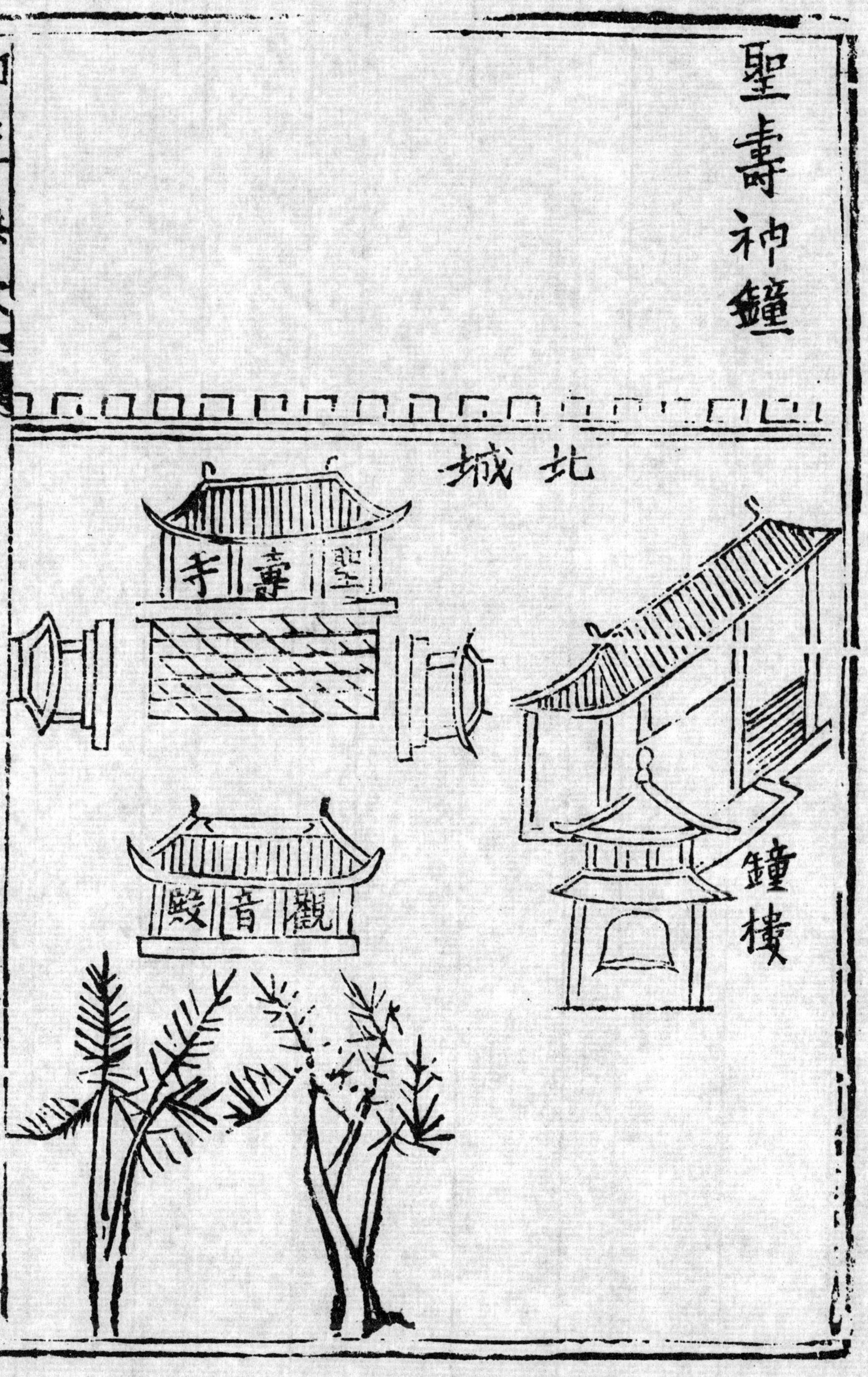
北城
聖壽寺
觀音殿
鐘樓

聖壽神鐘

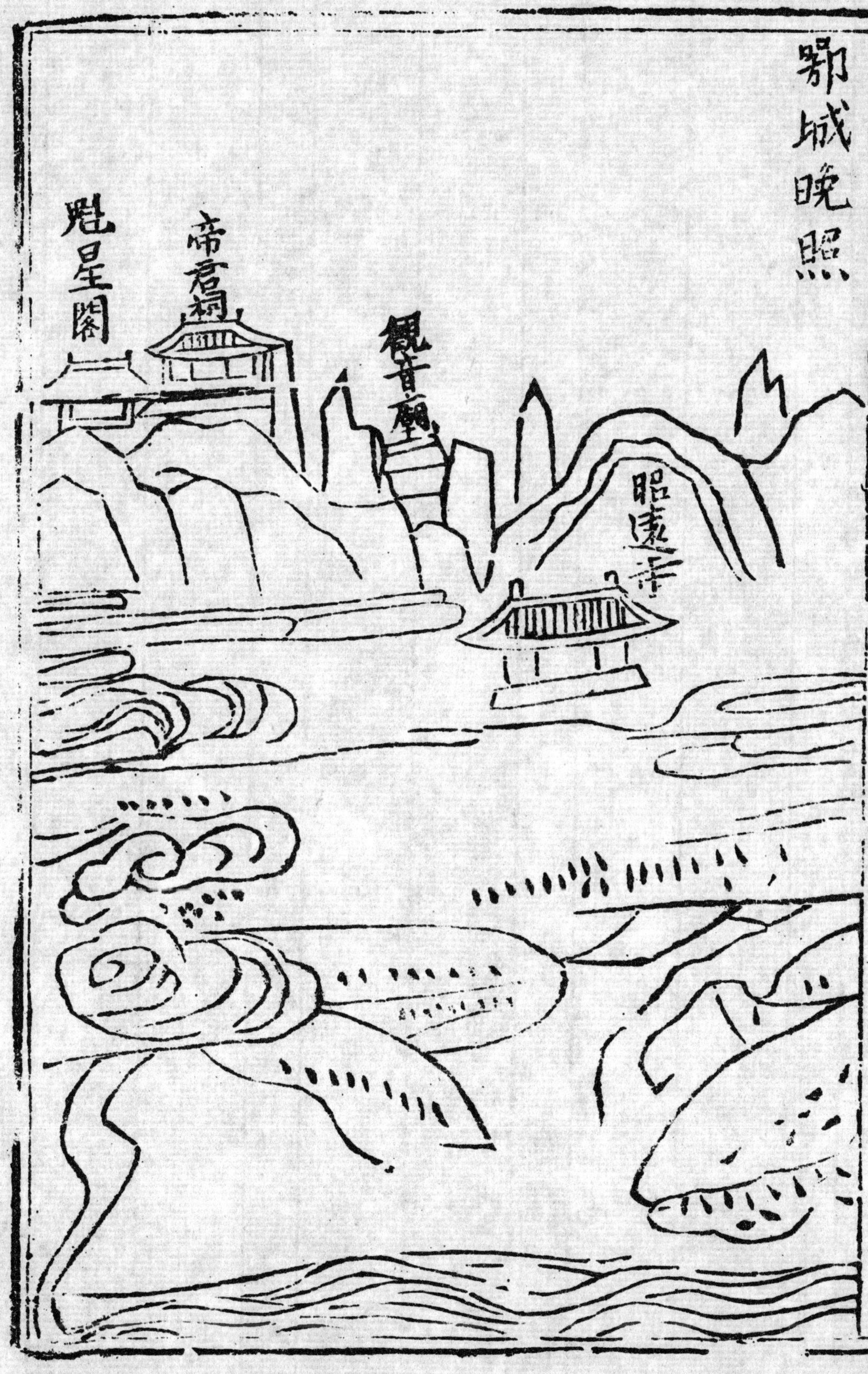
魁星閣
帝君祠
觀音廟
昭遠寺

鄂城晚照

昭遠清泉

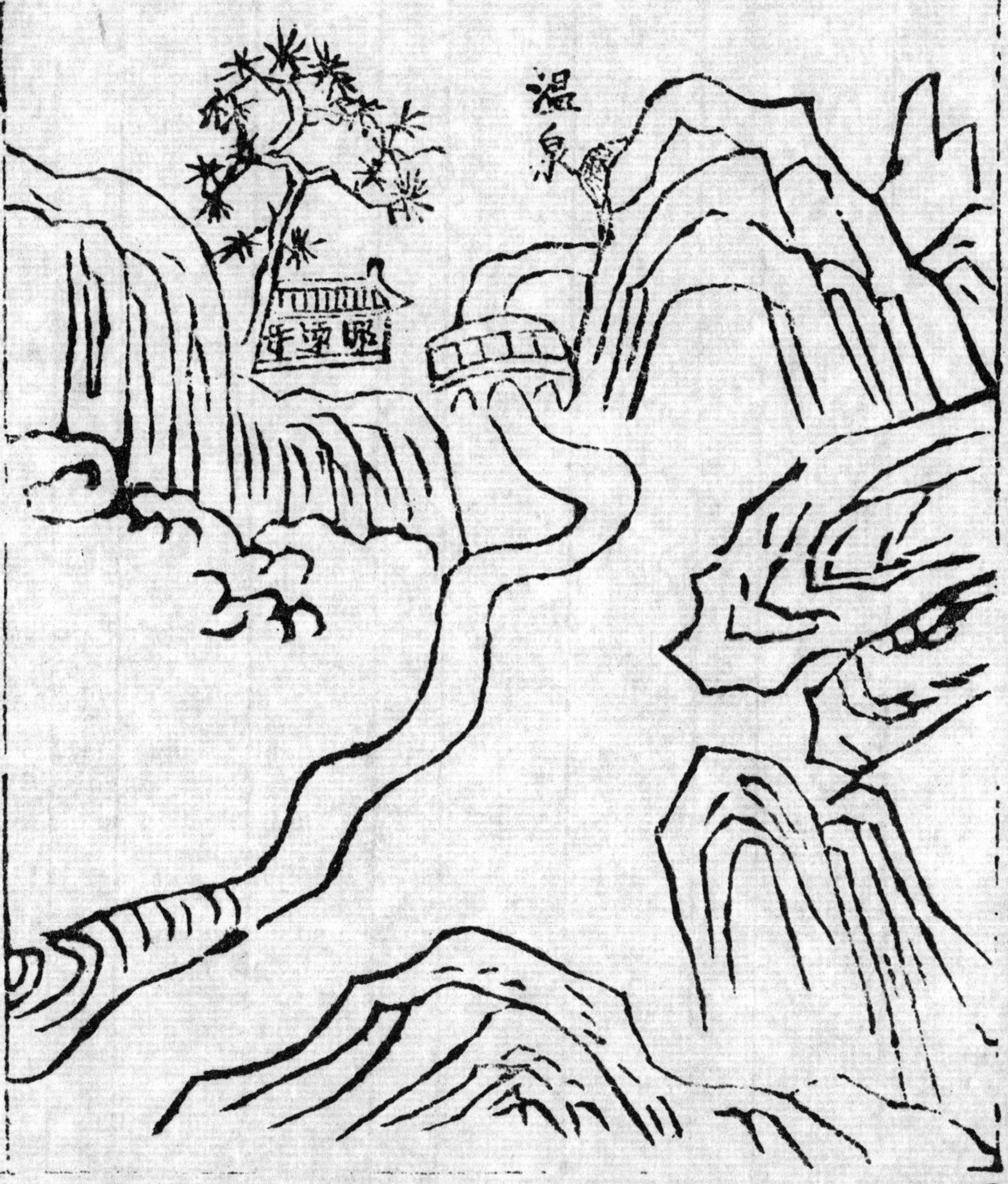

柏山堆翠

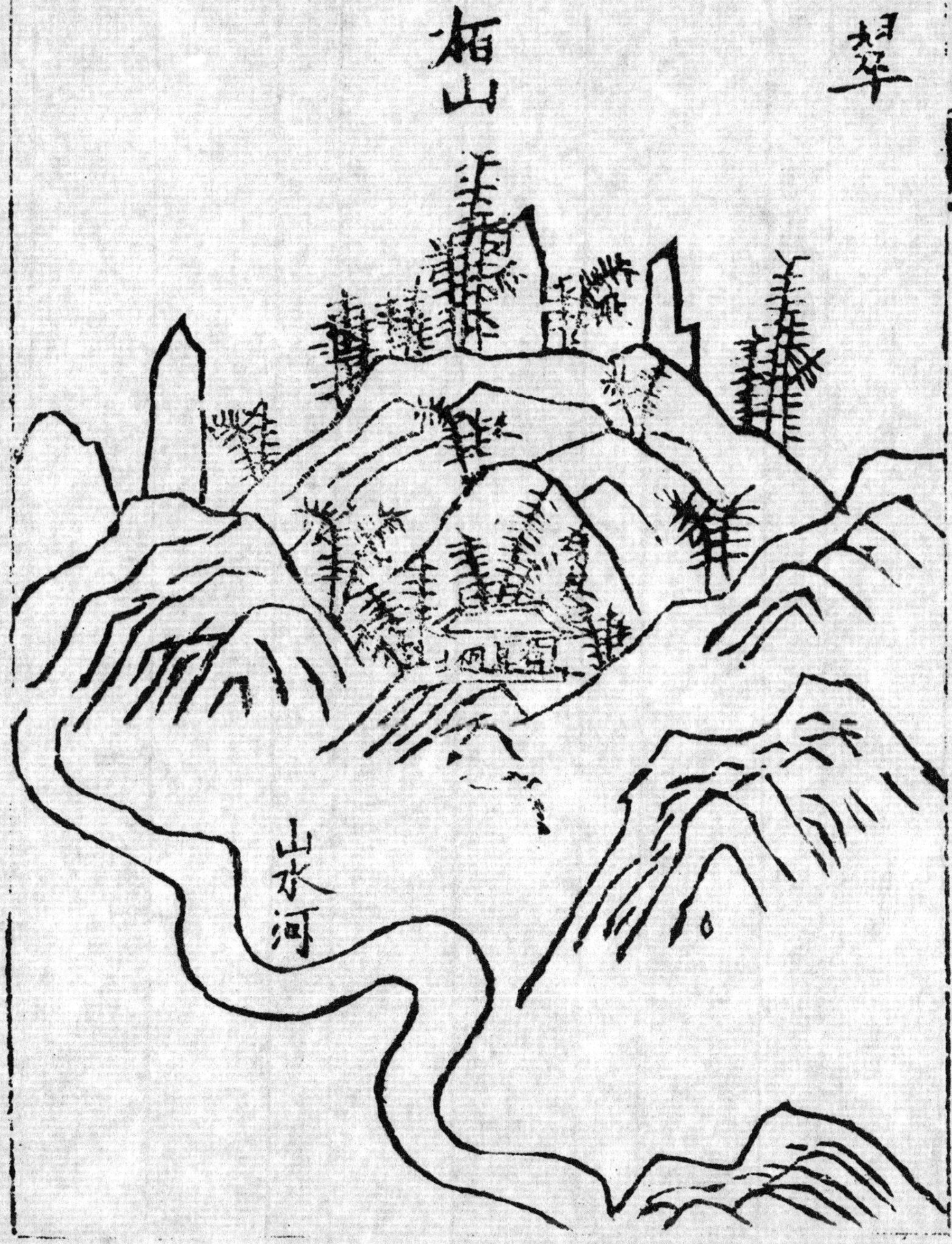

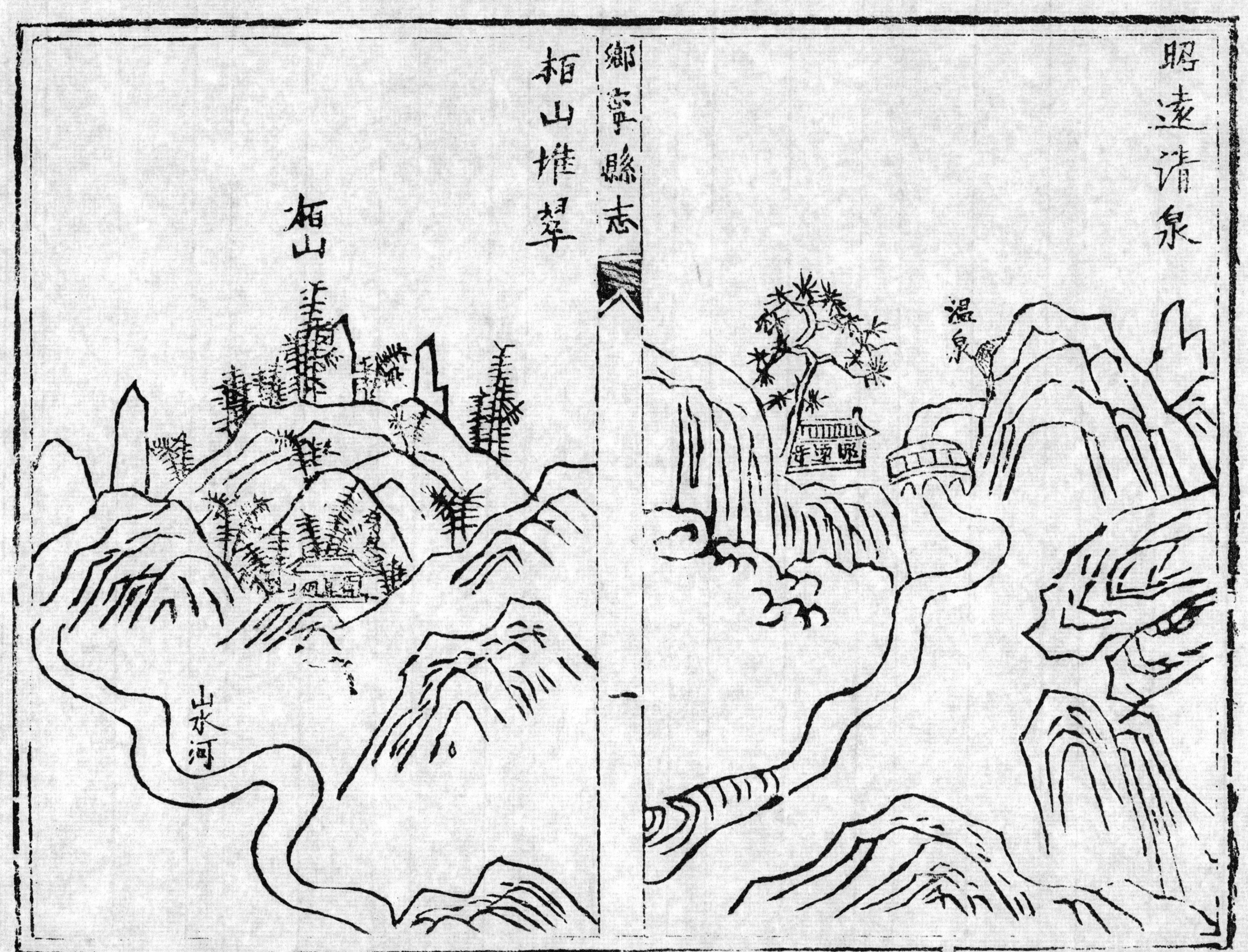

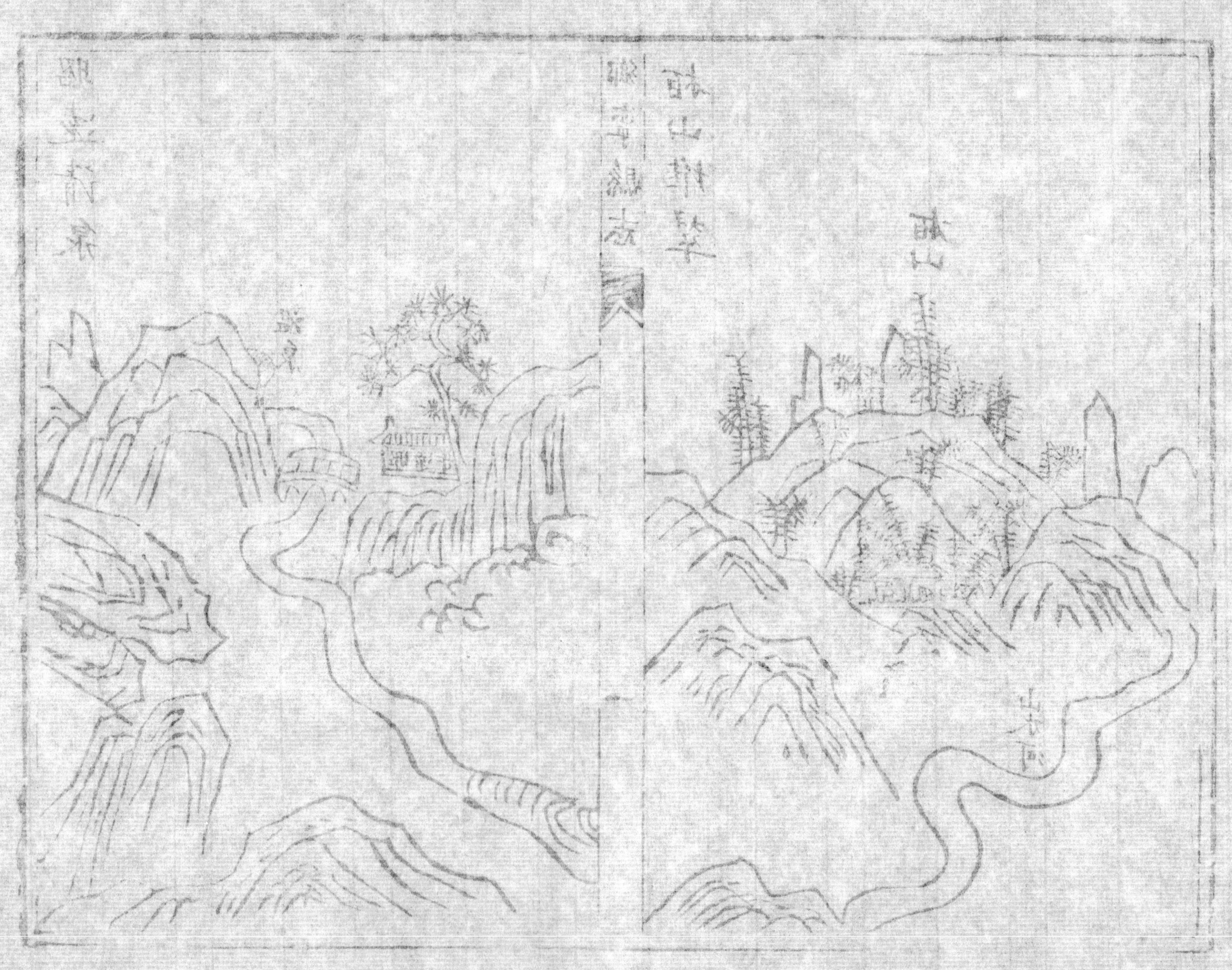

滴水清響
御寧縣志
石洞事雲
昭濟寺
石洞
清響

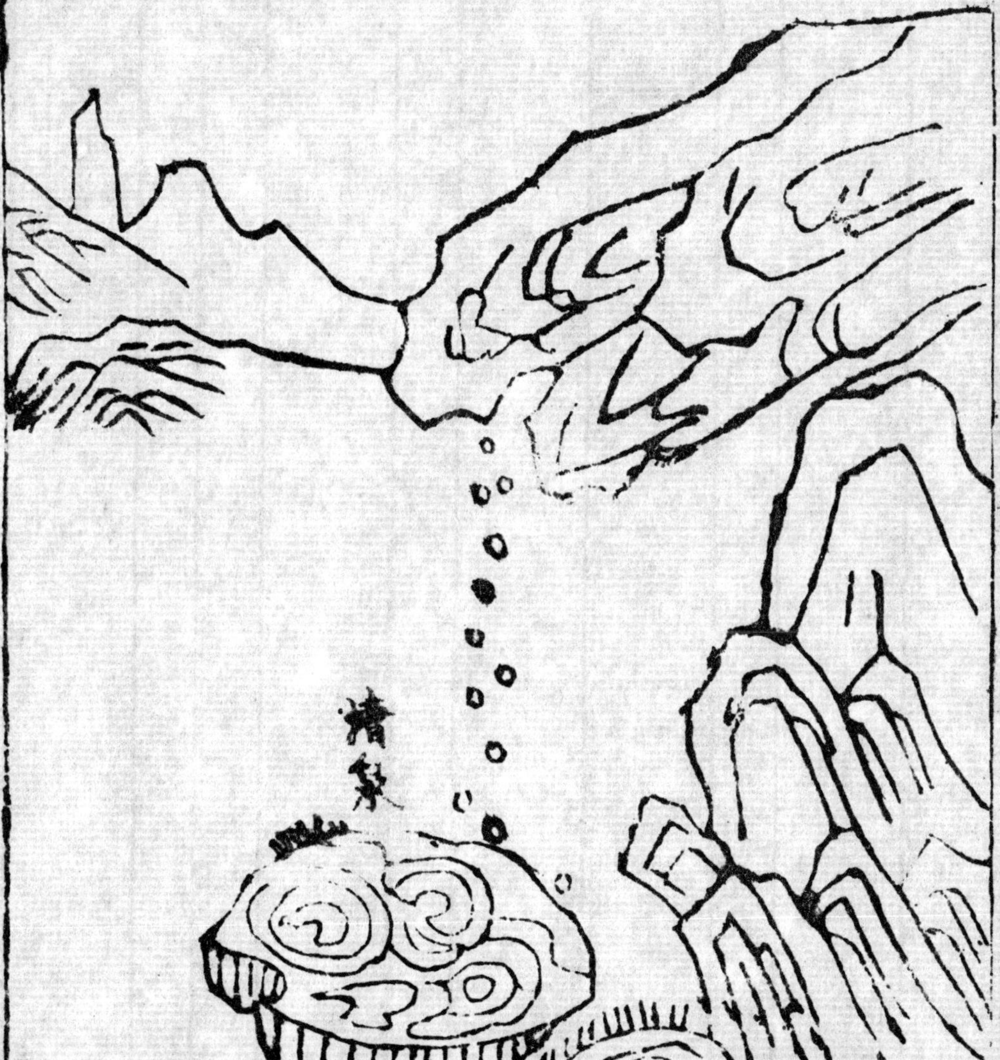

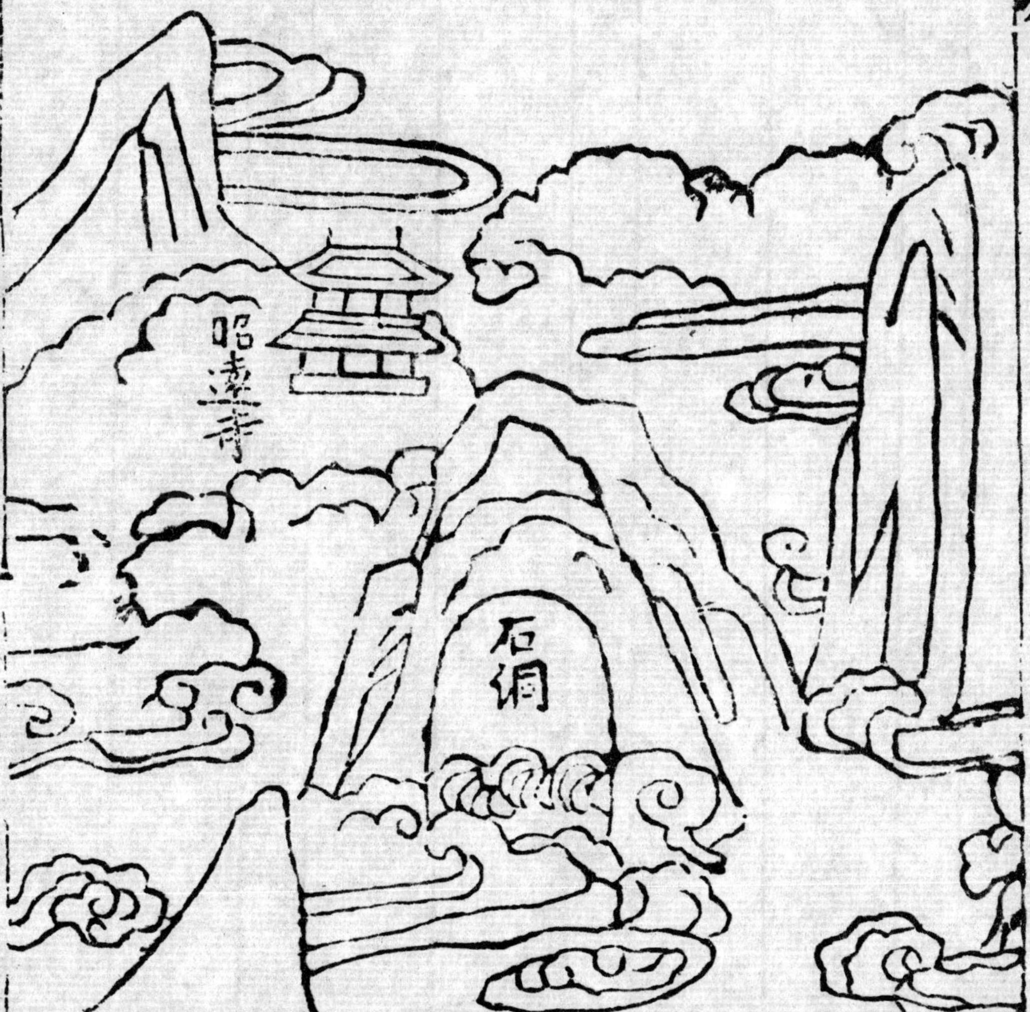

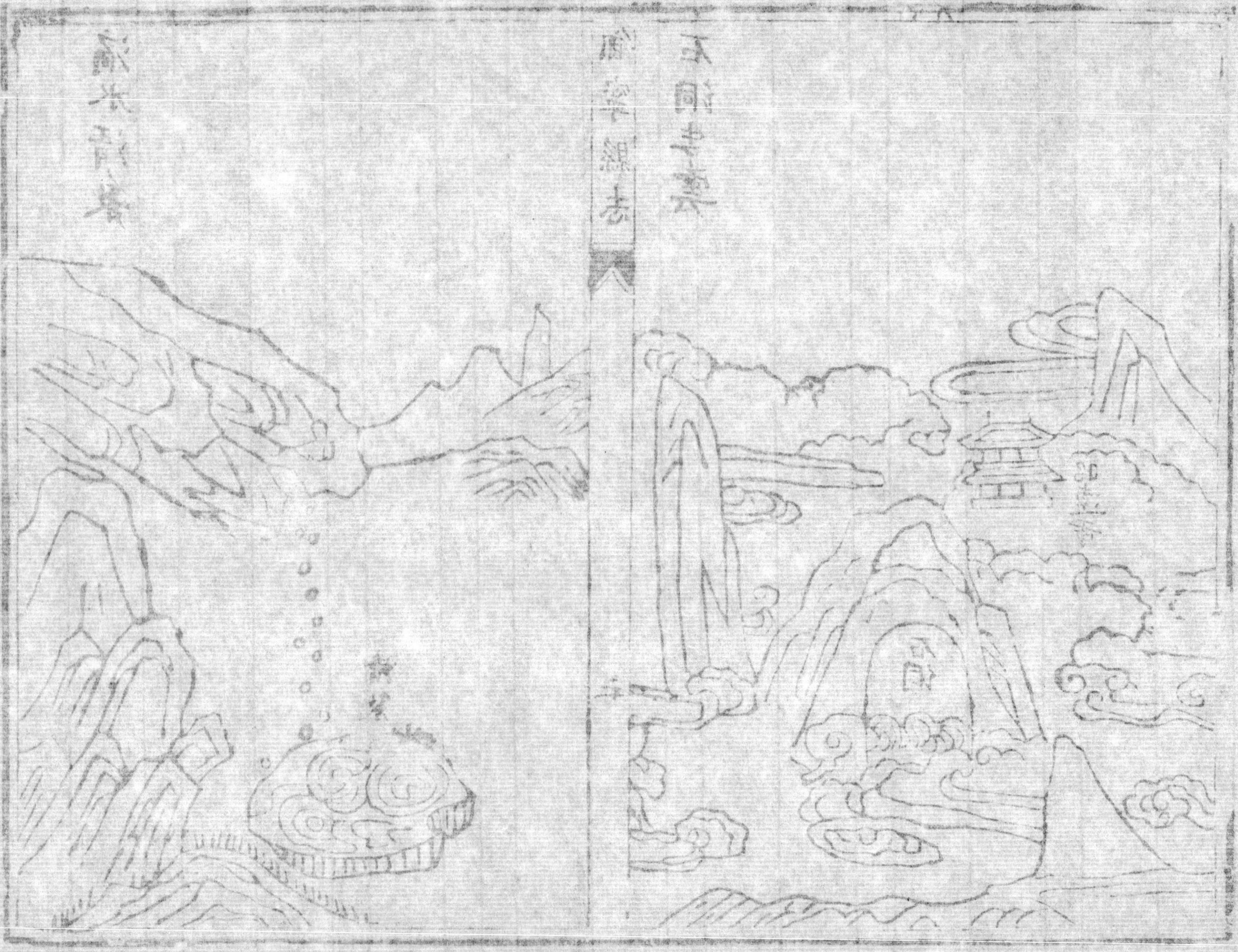

岱嶽疊嶂

禹門汲浪

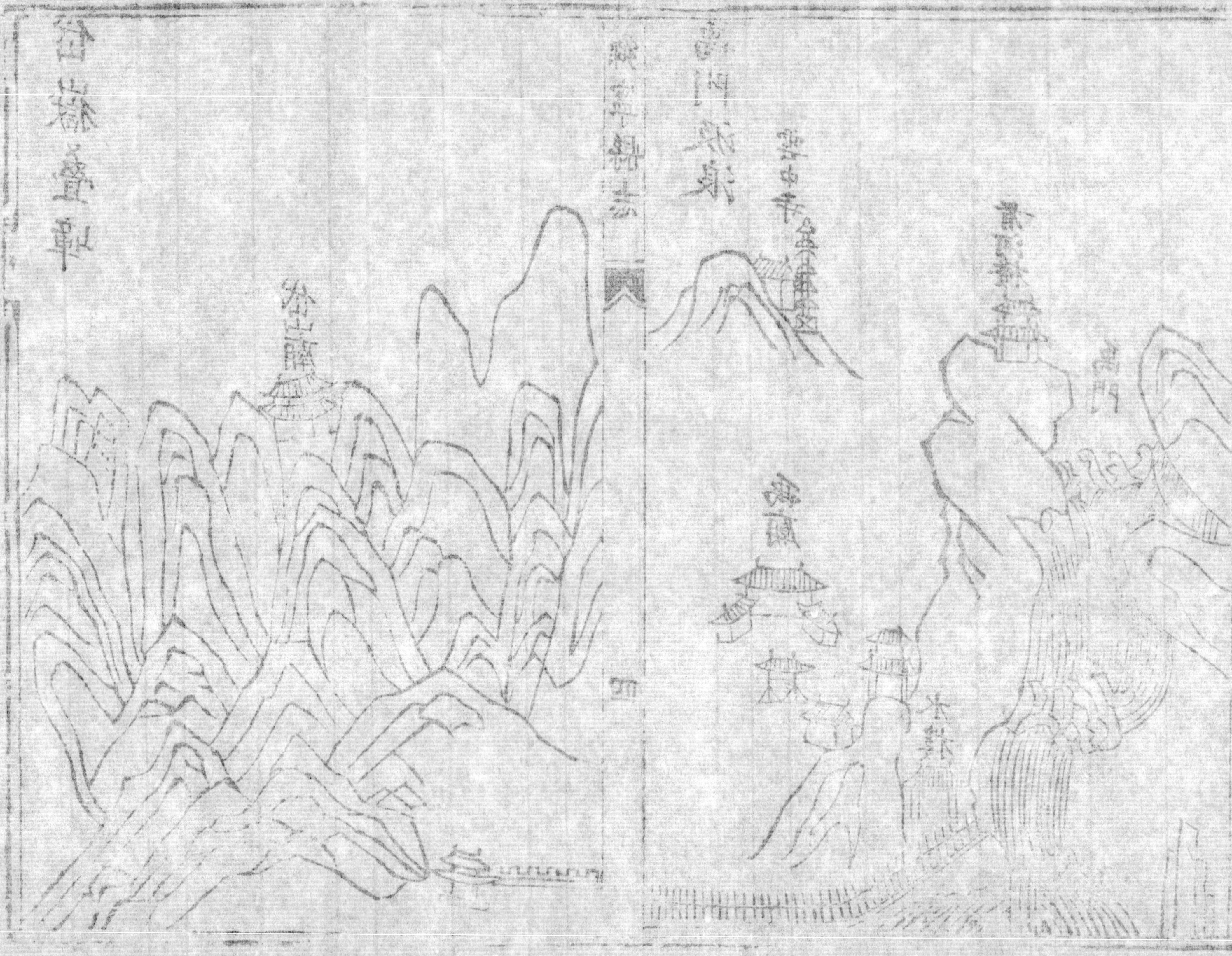
雲中寺

創修鄉寧縣志卷之一

知縣事青城焦守己創修

署學事關中梁隆吉
署學事秦州楊亨 校正

德府吏邑人陳錦
鄉進士邑人王煜
國子生邑人喬光顧 編輯
邑庠門生 鄭郊

輿地志

分野

已按在天有天文圖在地有地里圖天曜十二次地應十二辰觀天文者觀之以察災祥辨地里者辨之以別土壤此分星之說也鄉寧為古鄂侯邑且家通陽郡其星野之分不可不詳故首著之

晉魏分野當實沈之次自畢十二度至東井十五度曰晉魏分野出帝王世紀

河東古冀州域為實沈大梁之分出唐志自胃七度至畢十一度為大梁在酉屬冀州出晉志

昴畢冀州出史記河東入張一度晉天文志平

陽皆參出寰宇志韓地角亢氐之分野六國時河東路屬韓出史記

魏地皆參之分

隱吉曰孟子曰天之高也星辰之遠也苟求其故千歲之日可坐而致也論天文者亦惟求其故而已矣

疆域

㠯按神禹封山濬川經界攸分疆域之說有自來矣疆域既正則地有定限民有定分分田制祿可坐而定也鄉寧本晉地今為平陽屬邑其四至疆域亦自可指

鄉寧之域東西廣二百里南北廣二百四十里東至襄陵界一百一十里西至黃河一百里南至稷山縣界一百一十里北至吉州界三十里東至襄陵縣一百五十里通平陽府西至黃河一百里通陝西南至稷山一百三十里通絳州北至吉州六十里通大寧縣東南至太平縣一百二十里通曲沃東北至蒲縣一百六十里通隰州西南至河津縣一百二十里通蒲州西北

至黃河岸一百里通陜西宜川縣東南至南京
應天府二千五百里東北至北京二千里
隆吉曰疆埸之域一彼一此邑域廣袤四百里
許而弗得比名邑腴圖豈非以地盡山峪哉

建置

已按度地居民列於王土郡邑之建也舊矣然
世更代殊名號靡一有沿其土而更其名者有
襲其名而非其地者鄉寧晉地介於河東汾陽
之間亦名地云

堯都冀州禹貢冀州帝都之地（今平陽府）縣地在州東
南六十里本漢河東郡臨汾縣地後魏析置太
平縣又分太平置昌寧縣屬定陽郡隋罷改州
郡後以縣屬文成郡唐三改州後屬慈州五代
唐改鄉寧縣晉傳十二世晉人立孝侯子鄂乃
以地名鄂而以鄂為鄂侯宋元祐間以呂鄉縣
併入金仍舊元初省入吉州後復置隸吉州
國朝因之
洪武辛丑改晉寧路為平陽府縣隸之而仍領於河

東道

隆吉曰邑地沿革蓋唐虞以前莫之考云歷周晉爲侯國至秦郡縣天下縣始見此周晉以國秦漢以邑隸徙不常何哉盖因革損益亦存乎其時焉耳

山川

巳按峙而爲山流而爲川亦天地之奇觀也今考其地至於崇岡複阜泉谷瀑流足以增名勝而徵禹迹者故并列之

栢山邑東十五里孤峯聳秀蒼栢堆翠望之若虬龍盤居上有荀息廟景曰栢山堆翠○岱山在縣東十五里形類岱宗故名景曰岱嶽疊嶂○鄂山在縣東三十里平原突兀嶂峰巑岏鄂侯之封以此名焉○高天山在縣東四十里嵂崒峻絶高出群山其上常繞以雲氣○尖山在縣南二十里嶢嵒峻險峯巒蒼翠上有廉頗祠○林山在縣西南三十里上有白起廟○馬頭山在縣南八十里以形若馬首名之○香爐崖

在縣西一百里以形肖香爐名之○塔子山在縣西南一百里峯巒盤錯侵薄雲物上有雲中寺石塔焉○兩乳山在縣西南七十里雙峯類乳○谿都谷在縣東一百三十五里每大雨西山諸水會於此下連襄陵太平縣界溉田甚廣○青石硤在縣西南一百里聳嶠峭厲望之消魂屈曲若犬牙交搆○鄂川源出鄂山經流城南羅峪相合西流入黃河○温泉城南半里許經流昭遠其水湛湛然洹寒弗凝景曰昭遠清泉○白雲洞昭遠佛龕下有水洞中生白雲出沒變態景曰石洞生雲○煖泉城東步許水冬不凍○龍王池城東南半里許石孔水出小民資溉○羅峪河源出高天山水流東南西入黃河○劍泉在縣東南馬壁峪唐太宗以劍戳山水從石乳出潺潺不竭○馬跑泉在縣東南八十里唐太宗經此馬渴甚以蹄跑地得泉因名之

陶吉曰邑境延袤皆山川皆澗壑至於栢山岱

山蓋一方之雄鎮焉若夫劍泉馬跑泉唐宗之
遺跡也故特紀之

城池

已按設險守國其惟城池哉詩美築城伊淢城
池之為重也尚矣鄉之城池創自古昔相繼增
脩足稱一方之保障矣是用紀之

宋皇祐中以舊縣患河水公私以改邑便知縣劉
舒即鄂侯故壚移建今制更歷金元以及
國朝正德壬申知縣趙元築東西二城門樓及西城

外石橋嘉靖壬午知縣王楊辛丑知縣惠及民
相繼增築南城建樓丙寅知縣王國禎因河水
衝塌復增脩之繚以女墻隆慶戊辰因俺虜患
知縣馬秉直承檄築北城壬申知縣張一敬復
脩東城周圍女墻增高城始高大計城周三里
高厚二丈有咫池東南西北深廣各二丈許東
西南有門門各有樓萬曆十七年西城久緣山
水衝蝕隳阤知縣焦守已申請報俞乃役丁夫
複餝城根甃以石濬隍水西注增以渠口脩城

樓如故扁曰登龍門仍捐俸金充役人餔饟為百年計焉

喬吉曰易稱設險謂城池哉鄂城自宋皇祐間建置以來屢經葺飭今複飭城根甃以石稍稱險阻實惟焦公云

形勝八景附

巴按鄂邑左峙鄂峯右跨龍門負山帶河藏風聚氣殆形勝之區云

八景

聖壽神鍾 鍾大數圍宋皇祐中建昔人移之縣不動叩不鳴後移之聖壽寺叩之大鳴遠近俱聞名曰神鍾

鄂城晚照 對縣治日薄暮有霞光滿川

昭遠清泉 昭遠寺在縣治南山清泉即溫泉也清溪澄澈綠樹掩映石洞森列鳴鳥蟬集遊客題咏甚多

栢山堆翠 詳見山川志

岱嶽疊嶂 詳見山川

禹門汲浪 縣西一百里黃河岸為禹門三層汲浪魚龍變化

滴水清泉 詳見古蹟

石洞生雲 詳見山川

喬吉曰天時不如地利地利不如人和人心效

順則有無形之形勝矣至於八景以志邑之景致其中若禹門汲浪則又為甲於天下哉

都里 先是二十四里正德間併一十六里嘉靖間併一十二里今又併十里

宣化里附廓　仁義里○內陽里○榆川里○金城里○上善里○衞壁里○美泉里○尚義里

臺城里

邑鎮二○營里鎮 在縣東十里　官水鎮 在縣東九十里市易

鋪舍

廓下鋪○營里鋪 在縣東十里　胡村鋪 在縣東二十里

公曹鋪 在縣東三十里　石窪鋪 在縣東四十里　樊家鋪 在縣東六十里

嶺底鋪 在縣東五十里　要里鋪 在縣東七十里　黃家鋪 在縣東八十里

官水鋪 在縣東九十里　石猴鋪 在縣東一百里　鋪頭鋪 在縣東一百十里

以上十一鋪通平陽路○十里鋪 在縣北十里　西坡鋪 在縣北三十里　平原鋪 在縣北二十里　以上三鋪通吉州路

舊建鋪率就高阜築墩臺瞭望其下繚以周垣中建亭三間兩廂房各二門樓各一厠室各一

隆慶元年知縣張一敬重脩

隆吉曰五里為墩十里為舖舖有廬有司兵之
置亦周禮掌傳王命遺意也故志之

秩祀

已按先師稱號自漢唐以來各殊不必具論
世宗肅皇帝更號曰至聖先師孔子冕旒加自徽宗
佾數加自成化祭器禮物乃正自洪武先是配
享爵贈以及十哲两廡從祀諸賢唐宋間已有
異同而我明
肅皇帝以至土象之易戟門之改俎豆佾數之定則

與論協而尊崇當焉

歲以春秋二仲月上丁日脩祀事
先師祭品○帛一○羊一○豕一○鹿一
祭器○祝板一○爵三○登一○鉶二○簠二
○簋二○籩八豆八
四配共羊一豕一各帛一 爵三登一鉶二簠一簋
一籩豆各六
十哲共帛二豕二各爵一簠一簋一鉶一籩豆四
两廡共帛二豕各一爵各一鉶各二簠簋各二籩

豆各四

祭器總數○銅爵十九○錫爵七十六○大錫香爐一○中錫嵌銅香爐一○小錫香爐六○錫燭臺貳對○大錫鐔一○中錫鐔一

磁祭器

磁燭臺五十二○磁香爐大小三十○磁鉶二十五○磁籩二百三十○磁簠簋陸拾○綵籩六○綠簠簋二十

神帳　黄緞帳一　紅綾帳大小四

啓聖祠祭

嘉靖九年

世宗肅皇帝

欽定

啓聖公祠祀孔子父叔梁紇以四氏配顔路曾點孔鯉孟孫氏以程珦朱松蔡元定從祀　祭品帛一羊一豕一爵三鉶一簠簋各一籩豆各四儀如先師廟

社稷壇在城西一里繚以周垣壇南向獻臺一座門樓一間萬曆十八年知縣焦守已重建

粢品帛二色用玄羊二豕二爵各三鉶各一簠
二簋二籩豆各四儀注如制歲以春秋二仲月
上戊日陳主以祭有受胙有望瘞

風雲雷雨山川城隍祭
壇南向治東一里繚以崗垣獻臺一座門樓一
間先是春秋設棚以祭萬曆十八年知縣焦守
巳創建
風雲雷雨帛四山川帛二城隍帛一色用白羊
三豕三爵各三鉶一籩豆各四簠二簋二儀注
與社稷同歲以春秋二仲月上巳日陳主以祭

已按
城隍古不載祀典祀自宋有之我
國朝洪武三年始封伯爵六年正諸神封號改題某
府州縣城隍之神與風雲雷雨山川並壇而祀

城隍廟在縣西正殿五間寢宮三間捲棚三東西
神厨各三獻亭一座六曹東西各九間儀門三
間扁曰護佑一方東西角門各一東祝房五間
西茶亭三間大門五間成化十九年建嘉靖十八年重修萬曆八年重

二十六年知縣李時茂題扁幽贊彰癉

厲祭每歲三月清明七月望日十月朔日先期三日

縣官牒告城隍至日奉神位壇上一主之

祭品羊一豕一設無祀鬼神牌於壇下羊二豕二

以米爲羹飯設各鬼神前

八蜡祭

八蜡廟三間西向門樓一間在風雲雷雨壇左

側萬曆十八年知縣焦守已創建

八蜡一先穡二司嗇三農四郵表畷五貓虎六

防七水庸八百種

祭品羊一豕一祭風雲雷雨畢易朝服以祭

名宦鄉賢祭羊一豕一香燭酒紙隨用祀

先師畢易朝服以祭

土地祠春秋祀以三牲

獄神祠春秋祀以三牲

馬王廟在聖二 院左側萬曆十九年知縣焦守已

改建春秋祀以三牲

陰吉曰廟祠壇壝之設所以安神靈而重報吝

隋吉日廟祠壇遺之設所以來神靈而重報賽

以達春秋祀以三牲

馬王廟在靈二隅五間萬曆十九年知縣焦守己

鐵神祠春秋祀以三牲

土地祠春秋祀以三牲

先師奠帛朝服以祭

名宦鄉賢祭羊一豕一香燭酒饌通用祀

祭品羊一豕一祭風雲雷雨星辰朝服以祭

府七水府八百壇

入籍一元牆三司會三叢四戰五鑄馬六

側萬曆十八年知縣焦守己創建

入籍廟三間西向門樓一間在風雲雷雨壇左

入籍祭

以米爲叢祭設爲鬼神前

祭品羊一豕一設無祀鬼神牌於壇下羊二豕二

讀告縣告城隍至日奉神位壇上主之

厲祭每歲三月清明七月望日十月朔日先期三日

二十六年知縣李時茂覆爲邑積諭碑

也故自先師而下諸載在祀典所不可廢者特

志之

風俗

邑接寧邑屬晉鄂侯采邑猶襲唐風家絃戶誦俗尚勤儉無紡織貨物之利惟以農爲務山中耋白之老足不履縣境目不識官府一遇催徵不假督責兢趨樂輸士子質有其文鄉民驍駿然嚮於禮義

立春先一月東西分社鬧春至期而罷○婚姻

不論財○喪禮多無外槨士夫家不作佛事○元旦祀神畢賀尊長親友更相拜賀○謂之五日以紙縛婦操箒併取前四日所掃積土黎明送大門外謂之送五窮○上元節自十四至十六日各懸燈於門結燈山兼爆紙砲放花火○二月二日五鼓用灰圍房屋墻壁謂之圍龍爲驚蟄也○清明具酒殽祭掃墳墓各架鞦韆爲戲○五月五日懸艾虎於戶以五色線約小兒項臂間云終歲不見蛇作角黍相餽親識○七

月七日女輩設瓜果茶酒祀織女乞巧○中元掛財地頭薦新○八月十五日為中秋人皆具月餅夜宴翫月○九月九日為重陽人皆登高賞菊作麪餻以饋女○十月一日祀先作寒衣焚之十二月八日作粳米粥食之號臘八粥○二十四日設餳餅果牲祀竈○除日易門神桃符書春帖具酒餚圍爐聚飲深夜乃罷謂之守歲

隆言曰鄉之小民務在力農辛勤勞瘁終歲矻矻士多廉恥之風矜名節惜行檢禮讓衣冠爲斯民先此雖上之化導使然哉而陶唐遺風之善猶有未泯者矣

鄉寧縣志卷之二

田賦志

㠯按周制一夫授田百畝徹田爲糧故有田斯有賦有賦斯有役又有户口有農桑有繇役有力役有課程此定制也然調劑均平使國計民生两有所利者則在上之人加之意耳

户口

洪武二十四年户二十一萬四千五九百以百二十五天順八年户一千六百七十六嘉靖五年户八百七十十三嘉靖三十六年户四百餘興差丁二千六百五十有八隆慶六年審定實在人户三千二百七十五丁萬曆十五年審定實在人户四千七百七十四丁萬曆十七年審定實在人户四千八百七十六丁

田糧

洪武二十四年起科粮地共四千二百四頃五十七畝九分天順八年粮地二千八百五十畝餘盡拋荒隆慶六年開荒田三十九頃一十畝

夏税原額四千三百二十三石五斗八升三合三

勺
起運四倉庫六百四十石
保安宣德等二倉并趙川葛峪堡倉一百三十九石每石折銀一兩共銀一百三十九兩〇寧武關萬億倉一百八十石六斗每石折銀一兩共銀一百八十兩六錢〇宣府萬億庫布五十疋准麦六十石每石折銀二錢五分共折銀一十五兩〇大同萬億庫布二百一十七疋准麦二百六十石四斗每石折銀二錢五分共銀六

十五兩一錢
存留五倉庫共三千六百八十三石五斗八升三合三勺
寧武關萬億倉六十四石每石折銀八錢共銀五十一兩二錢〇王府如京倉六百五石每石折銀六錢共銀三百六十三兩〇豊贍庫照例拋荒二千八百七十四石三斗八升三合三勺于嘉靖二十八年改派王府絳州倉每石折銀三錢共銀八百六十二兩三錢一分四厘九毫

千一百六十七石八斗該銀一千六十七兩八
錢黑豆一百五十四石該銀一百五十兩二
項內本色三分三百九十六石五斗四升每石
加席草脚價銀六分五釐該銀二十五兩七錢
七分五釐一毫并正價共銀一千三百四十七
兩五錢七分五釐一毫〇宣府萬億庫一千六
百七十石〇布一千六百三十七疋准米一千
六百三十七石每石折銀三錢共該銀四百九
十一兩一錢〇花三百三十斤准米三十三石

每石折銀八錢該銀二十六兩四錢二項共銀
五百一十七兩五錢〇大同銀億庫二千三百
三十五石〇布二千二百一十四疋准米二千
二百一十四石每石折銀三錢該銀六百六十
四兩二錢〇花一千二百一十斤准米一百二
十一石每石折銀三錢該銀九十六兩八錢二
項共銀七百六十一兩〇平虜衛平·虜倉粟米
一千九百五十四石每石折錢一兩共銀一千
九百五十四兩嘉靖二十四年原係存留拋荒

粮石後于嘉靖二十五年改派此倉係邊關起
運之數
存留七倉庫共一萬九十二石三斗八升二勺
寧武關萬億倉二百二石二斗每石折銀八錢
該銀一百六十一兩七錢六分內本色三分六
十石六斗六升每石加席草脚價銀六分五釐
該銀三兩九錢四分二釐九毫并正價共銀一
百六十五兩七錢二釐九毫○王府如京倉全
徵粟米六百七十三石每石折銀八錢共銀五

百三十八兩四錢○王府絳州倉減半粟米六
千二百九十石每石折銀四錢共銀二千五百
一十六兩原係拋荒後于嘉靖二十八年改派
此倉作為靈丘府祿粮不敷之數○豊贍庫減
半一千六百六十六石二斗每石折銀四錢共
銀六百七十三兩二錢八分雖派不徵○本縣
倉粟米七十八石一斗八升六勺全徵三十三
石三斗八升六勺每石折銀七錢該銀二十三
兩三錢六分六釐四毫二絲減半四十四石八

斗每石折銀四錢該銀一十七兩九錢二分二項共銀四十一兩二錢八分六釐四毫二系〇儒學倉全徵粟米二百二十八石八斗每石折銀八錢共銀一百八十三兩四分〇豐贍庫八百五十四石〇布七百七十六疋准米七百七十六石每石折銀三錢該銀二百三十二兩八錢〇花七百八十斤准米七十八石每石折銀八錢該銀六十二兩四錢二項共銀二百九十五兩二錢雖派不徵

加徵嘉靖二十八年加添王府大有南倉銀六十七兩五錢四毫〇嘉靖三十四年加添宣府脚價銀三十兩三錢八分〇大同脚價銀二百八十八兩一錢四分〇隆慶六年為出巡事加添宣大三關解銀解官盤纏等項銀一十三兩五錢八分七釐七系一忽〇萬曆十四年為分派秋粮事布政司會計發下新增存留豐贍庫全徵八十二石八斗九升三勺一抄五作每石折銀八錢共銀六十六兩三錢一分二釐二毫五

系二忽雖沠不徵萬曆二十八年四月内蒙巡撫魏　詳允豁免訖
馬草原額三萬五千六百三十八束五分九釐四
毫六系
起運保德州草塲草一萬三千七百七十三束一
分五釐〇全徵八千一百一十六束五分每束
折銀八分共銀六百四十九兩三錢二分〇減
半五千六百五十六束六分五釐每束折銀四
分該銀二百二十六兩二錢六分六釐二項共
銀八百七十五兩五錢八分六釐〇威遠衛草

塲減半草二萬一千六百九十九束六分五釐
每束折銀四分共銀八百六十七兩九錢八分
六釐〇嘉靖三十四年加徵大同脚價銀二百
二兩四錢四分七釐〇萬曆十四年爲分沠秋
粮事布政司發下會計新增存留豊贍庫全徵
草一百六十五束七分八釐六系三忽每束折
銀八分共銀一十三兩二錢六分二釐九毫五
系四徵雖沠不徵萬曆二十八年四月内蒙巡撫魏　詳允豁免訖
農桑原額四千五百七十九株

官桑二十五株每株徵糸二錢共徵糸五兩
民桑四千五百五十四株每株徵糸二錢共徵
絲二十八斤七兩四錢每絲二十兩織絹一疋
共絹二十三疋内本色一十八疋每疋價銀一
兩三錢該銀二十三兩四錢每疋外加添鋪墊
脚價銀一錢三釐九毫該銀一兩八錢七分二
毫折色五疋每疋折銀七錢外加添塔銀二分
該銀一錢共銀三兩六錢零絲一十七兩五錢
該價銀一兩一錢三分七釐五毫共該銀二十
兩七釐七毫

課程

一項歲報錢粮事各色課程無閏鈔一千六百
十九貫八百九十文每貫折銀三釐共銀四兩
八錢五分九釐六毫七糸連閏鈔二千三百一
十五貫九百七十文每貫折銀三釐該銀六兩
九錢四分七釐七毫二糸五忽
羊皮無閏九十張每張折銀一錢該銀九兩連
閏九十七張該銀九兩七錢

一門攤商稅每年正課銀十五兩餘課銀不等按季解納○一斗行商稅每季稅銀九錢○一酒課稅銀每月稅銀八錢

均徭

一銀差

一項甲丁二庫料銀并脚價共三十八兩九錢五分五釐五毫八系二忽五微○一項禮戶二部料銀九兩五錢三分五釐九毫二系一忽二微六纖○一項舉人坊牌銀三兩○一項孤老冬衣布花銀四兩八錢○一項戶口食鹽銀五十四兩七錢五毫連閏銀五十九兩一錢三分二釐九毫六系三忽○一項京班柴直銀五十九兩五分七釐八毫二系連閏銀六十兩五分七釐八毫二系○一項柴薪銀六十兩閏加銀五兩○一項馬丁銀八十兩○

○一項義兵工食銀七十五兩○一項解京藥材連蠟十斤兼

九十斤共銀八錢九分七毫六絲五忽二微〇一項上下各半年羊隻價銀一十五兩五錢一釐三毫一絲五忽〇一項曆日紙價銀四兩三錢四釐一毫〇一項儒學教官二員齋夫銀四十八兩遇閏每員加銀二兩〇一項生員膳夫銀二十兩〇一項鄉飲二次銀一十五兩〇一項文廟啓聖鄉賢社稷山川等壇春秋二祭銀七十兩〇一項邑厲壇清明七月十五十月初一三次祭銀二十一兩〇一項歲貢盤纏銀二

十兩〇一項解京四季柴夫銀一百七十五兩七錢一分七釐〇一項徵解内官監折柴價銀七兩六錢五分五釐二毫〇一項織造黄絲無閏價銀十六兩六錢七分五釐九毫四絲遇閏銀十七兩六錢五分六釐八毫二絲八忽〇一項工部都水司料銀四十兩一錢五分三釐〇

一力役

本縣步快手八名每名工食銀九兩○本縣皂隸二十四名每名工食銀七兩二錢○本縣門子二名典史下一名每名工食銀六兩○公署門子一名工食銀四兩五錢○文廟廟夫庫子門斗共六名每名工食銀六兩○看監禁子四名每名工食銀一十二兩○一巡緝兵快十名每名工食銀七兩二錢○看倉老人一名斗級二名每名工食銀八兩○社倉三處老人各除

本自徭銀○各舖司兵二十九名每名工食銀七兩二錢○本縣民壯八十七名兩班輪流上邊上班

一鐵各給户匠自討

一站銀共六百三十四兩萬曆十七年加添貳百一十二兩七錢貳分一釐五毫

一絹銀每年額派一百四十二兩六分

一里甲夫役每年工食無閏三百三十一兩二錢遇閏加銀二十七兩六錢新增黃冊紙張工食三兩

一走遞馬騾八匹頭每年草料鞍轡并馬夫工食
銀二百二十四两

學田附

一學田共地四頃四十一畝五分三釐該粮二十一石六斗九升九合六抄四撮共租銀九两九錢一分萬歷十一年知縣劉昇申准有記越十四年始招人佃種

一環魁星閣地六十畝有餘貧生耕種

陸吉曰鄉寧僻在山谿間厥田瘠确剛燥獨仰

天澤踰月不雨赤地千里即雨暘時若穫且不能比他腴區什一矧值旱魃哉余故志田賦以告世之司牧者

鄉寧縣志卷之三

官司志

縣治

己按詩稱君子攸躋蓋言堂也然則堂位之建所以發號施令同民心以出治道者也故長民者居上臨下儼然大觀之在上則署其所先哉

縣治初附河宋皇祐知縣劉舒改遷鄂侯故壘即今在城西北隅至元末知縣宋景祁復建

國朝洪武八年知縣荊守正重建

牧愛堂三間　庫房二間在堂西　佐治廳一間在堂東

聖諭坊一座在甬路中知縣焦守已建扁曰仰止

東鑾駕庫承發司吏户禮房十間

西架閣庫鋪長司兵刑工房十間

儀門三間東西角門各一間

土地祠在儀門外東萬曆十九年知縣焦守已增脩

獄神祠在儀門內西監房二間地牢一所各室

房三間周圍堅築城墻脩窩鋪至晚内外巡邏
防守可恃無虞
迎賓館在儀門外東正廳三間東西房各三間
門樓一座正廳扁曰請益堂門扁曰禮賓館知
縣李枝建萬曆十八年知縣焦守已重脩
申明亭在儀門外西舊為三間規制卑隘且經
歲久梁柱傾欹萬曆十九年知縣焦守已因撤
去之仍建中廳三間增左右夾耳房各一間扁
曰旌善中明亭大户在此設櫃收粮

大門周圍磚砌中置正門建立重樓于其上置
鼓以肅晨昏南額題曰鄉寧縣樓扁曰譙樓北
面扁曰空中樓閣又前為坊題曰鄂侯雄鎮俱
隆慶元年知縣王國禎重脩
知縣宅在牧愛堂後樓房五間東西房各四萬
曆戊寅知縣李枝增建正房五間東西房各一
間左側正房三前廳三廚房四右側書房三南
房三
典史宅在堂東前廳三間後正房三間東西房

各二間門一座
吏廨在堂西東西兩連房對峙各三間隆慶四
年馬秉直增建

公署

巳櫝行署之設所以宣上德達下情觀風考俗
恒於斯蓋
九重之付託攸關而百司之觀瞻寔係也鄉寧雖不
當要路然亦有往來之駐節縉紳之行驂則行
署豈可緩哉故特志之

察院在縣治東正堂五間左茶亭　右卷房東
西廂房各二間後堂五間穿堂三門東西廚役
房各二間儀門一間東西角門各一大門三間
大門外左府館前廳三間後房三間門一右州
館前廳三間後房三間門一弘治元年知縣崔
璫建萬曆十八年知縣焦守巳重脩
布政司在治西北預備倉後正堂三間後房三
間前後廂房各二大門一弘治元年崔璫建今
廢圯　基

巡檢司在龍尾蹟萬曆十七年奉例裁革○陰陽學在西城門内北廳三間隆慶四年知縣馬秉直建○醫學惠民藥局在治東○僧會司在昭遠寺○道會司在玄真觀

隆吉曰封建古制也至秦廢封建置郡縣故令總其綱典佐其目至于陰陽等雜職各有司存因併志之以稽建置

儒學已禝建立學校群師生居之所以時講習造髦士而觀人文也故司教化者其知所先哉

儒學在縣治西宋皇祐三年知縣劉舒建

國朝洪武十一年知縣荆守正重葺嘉靖三十四年地震廟學俱壞知縣張雲從復脩萬曆十七年知縣崔允恭申請重脩典史徐文鍾任其劳明倫堂五間○博文齋三間○約禮齋三間東西號房各四間三十年知縣李時茂重修敬一亭在明倫堂後稍東知縣崔允恭重建内石刻

宋儒五箴

御製碑一通先是學道彎曲知縣李枝肇建儀門三間扁曰日進高明大門三間坊牌一座題曰泮

宮二十九年知縣李時茂題曰育英才
先師大成殿五間東西兩廡各七間戟門三間臺高
二丈許中神路石砌堦八十級宋皇祐知縣劉
舒建嘉靖十七年知縣楊鵬重脩隆慶六年知
縣張一致增脩戟門兩甬道各八十級前為櫺
星門三間跨街為左右坊一曰聖門一曰賢路
戟門內石門坊題曰萬仞宮墻嘉靖三十六年
知縣張雲從建
啓聖祠在殿後三間隆慶元年知縣王國禎建迤東

為名宦鄉賢祠二間前為宰牲所又前為李枝
祠堂邑生民立之
教諭宅舊在禮門外知縣李枝改建明倫堂東
前廳三間上房三間東西廂房各二
訓導宅在明倫堂西後前廳三間後室二空東
西廂房各二知縣李枝重建
文昌祠在城南山上魁閣旁下瞰城中正殿三間
塑像東西廂房各二前坊牌一座扁曰文運亨
嘉萬曆十九年知縣焦守己以興學創建有記

魁星閣重樓一間塑魁像西隅房三間繚以周垣
知縣李枝建萬曆十九年知縣焦守已移厓鐘
懸其上晨夕鳴之萬曆二十八年知縣李時茂題正殿扁曰衡文鑑行
隆吉曰古者建國以興學為首務自京畿以至
郡邑莫不有學而養老鄉射受成獻馘皆由此
出焉其所係誠重矣故志學校以見右文崇化
之意

倉廒

已按預備倉社倉之設所以廣儲蓄賑荒歉恤

貧乏也故一年餘三年之食三年餘九年之食
陳陳相因而能必歲歉之不為患者恃有此耳
此足食之政也志之以實積貯

預備倉

南官廳三間〇東廒六間（門樓一間）西廒北廒各五
間俱設原嘉靖四十四年知縣王國禎重脩萬曆
十八年知縣焦守已撤舊增脩二十八年知縣
李時茂捐俸創修常平倉叁間扁書民急永賴
社倉一在城西隅南廒三間〇一在營里鎮北廒三

東房二門樓一一在官水鎮南北廒各三間門樓一
隆吉曰朱子謂救荒自有兩說太上感召和氣
以至豐穰其次備蓄今積粟預備意盖如此而
象山氏亦謂社倉雖以利農其勢難久無亦兼
主常平糴一倉豐糴歉糶使農不傷價不騰涌
且析所糴為二存一以備禝歲此為代社倉之
匱實長利哉且豐歉世之所時有也

養濟院

已接老而無子曰獨故雖盛世不能無失所之

民此養老恤孤
朝廷之重典也故始立孤老院既改養濟院允以矜
無告耳然則惠養之政非其所先哉
養濟院在縣治東北隅東廈房三間原設萬曆八
年典史戍騰龍建北廈房二間門樓一間原設
二十六年知縣李時茂添修北房四間扁書
皇恩先施○隆吉曰文王發政施仁必先鰥獨我
國朝洪武五年詔郡縣凡諸孤獨無告者許入官存
養且令天下郡縣設義塚天順四年令置漏澤

園可謂息洽無告澤及枯朽矣

演武場附

演武場在治西城外半里許正廳三間門樓一間廣濶一百十步隆慶元年知縣王國禎建